Puente aéreo

Isabel Pérez Lamigueiro

Dirección editorial: Raquel Varela
Edición: Javier Lahuerta
Cubierta: Grupo Adrizar
Ilustración de interiores: Adriana Sánchez
Maquetación: Grupo Adrizar
© de esta edición: enCLAVE ELE / CLE International - 2006

ISBN: 209034167X
N° de editor: 10130046
Depósito Legal: Mayo 2006
Impreso en España por Mateu Cromo
Printed in Spain by Mateu Cromo

Índice

Puente aéreo

1 5

2 12

3 20

4 28

5 37

6 42

7 45

Actividades 48

Glosario 58

Soluciones 61

Capítulo 1

A Manuel no le gustaba volar los días de frío. Y hacía frío. Sin duda hacía frío. Madrid parecía estar congelado, tal y como Manuel lo veía desde la ventana de su apartamento.

Había preparado su equipaje de mano como todos los lunes, y había decidido poner ropa de abrigo en su pequeña maleta. Un chaquetón gris, un jersey gris de lana e, incluso, una bufanda.

«En Barcelona, nunca se sabe —pensó—, **lo mismo** te mueres de calor como te congelas.»

Llegó al aeropuerto temprano. Salidas Nacionales.[1] Puente Aéreo.[2] Como todas las mañanas había muchos ejecutivos con sus maletines, preparados para su trabajo, que consisti-

---

1. Salidas Nacionales — en los aeropuertos, vuelos con destino a ciudades del mismo país.

2. Conexión aérea entre Madrid y Barcelona, con vuelos frecuentes, cada hora.

ría, probablemente, en varias reuniones en Barcelona y vuelo de regreso en el mismo día. Se dirigió al mostrador. **Se puso a la cola** para obtener su **tarjeta de embarque.** Cuando llegó al mostrador le preguntó a una joven azafata:

—¿Cómo van los vuelos esta mañana? ¿Hay retraso debido al frío?

—Sí, señor. Desafortunadamente, aquí, en Barajas, tenemos hielo en las **pistas,** imposible **despegar,** y en el aeropuerto del Prat, en Barcelona, hay mucha niebla, difícil para **aterrizar.** Los vuelos llevan retraso. Estamos elaborando una **lista de espera** para que embarquen los **pasajeros** por orden, según se vayan llenando los aviones que puedan volar.

—Gracias —dijo Manuel, sin gran entusiasmo. Ya se imaginaba sentado en el bar durante horas, con un café tras otro. Llamó a Barcelona para avisar de su retraso y se acercó al quiosco a comprar un periódico.

—Esto es horrible —pensó—. En fin, me lo tendré que tomar con filosofía.

Entró en el café y pidió uno con leche. Se sentó en una mesa pequeña, en el rincón. Abrió el periódico y leyó el **titular**: **Ola de frío** recorre la Península.[3]

¡Qué malas noticias! Eso no animaba a nadie.

En el centro del café, había un grupo de ejecutivos, formado por varios hombres y mujeres, que **charlaba animadamente**. Hacían bromas y se reían.

Manuel se sintió extraño.

«¿Cómo pueden estar tan contentos? —se preguntaba mientras les observaba disimuladamente—. ¿Es que no les importa el restraso y la espera? ¿Y la ola de frío?»

Se dio cuenta de que les miraba con cierta indignación. ¿Se estaba volviendo un **amargado, un hombre gris**?, reflexionaba. De hecho, sólo había puesto ropa gris en su maleta. Desde primeras horas de la mañana se había tomado la vida con poca alegría, como un peso que hay que arrastrar. Como lo había estado haciendo estos últimos años.

---

3. Península — con mayúscula se refiere a la península Ibérica.

«¿Dónde se había quedado su alegría de vivir?» —se preguntó—. Era todavía un hombre relativamente joven... ¿y ya no le parecía apropiado reírse frente a la adversidad?

Una de las mujeres del grupo se levantó y pasó por delante de Manuel camino de los servicios y, al pasar frente a él, le miró y, con una amplia sonrisa, le dijo:

—¡Feliz Navidad!

Manuel regresando del mundo de sus pensamientos, **se ruborizó**, y medio **tartamudeando**, contestó:

—Felices Fiestas.

«¡Es verdad! —se dijo—. ¡Estamos en Navidad! ¿Cómo no me he dado cuenta antes?"

Este dato pareció poner las cosas en su lugar. Todo parecía más normal. El frío, el hielo, el retraso, la alegría de la gente. Todo era normal. Incluso él mismo era normal. Era Navidad.

Navidad... Navidad... Eso quería decir «vacaciones». Quería decir «planes». ¿Y qué planes tenía él? Nada. No tenía planes. Entonces... ¿Qué iba a hacer?

La idea de normalidad que había traído tranquilidad a su mente desapareció y Manuel volvió a sentirse un ser extraño, diferente a los demás.

Desde hacía años, Manuel pasaba las vacaciones de Navidad viajando. Manuel era soltero. No tenía **lo que se dice** una familia de verdad, con la que pasar las vacaciones, como todo el mundo. No tenía un hogar familiar, referencia para todos los miembros de la casa a la hora de celebrar las fiestas.

Sus padres habían muerto hacía tiempo y ya no recordaba cuándo había sido la última vez que había preparado con sus hermanas la cena de **Nochebuena**. La última vez que había cantado un **villancico** delante del **belén**. O cuándo había ido a comprar **turrones** y **mazapanes**, imprescindibles en las Navidades españolas. La verdad es que hacía tiempo que no hablaba con sus hermanas. Ellas se habían casado, tenían niños y vivían a **las afueras** de Madrid, en una **urbanización.**

Él, en cambio, se había dedicado a su trabajo. Y su trabajo se había convertido en su vida. Esa era su vida...

Era un ser extraño. Un ser apagado y gris, pensaba Manuel.

Para distraer este sentimiento volvió a **ojear** el periódico.

Capítulo 2

Había muchos anuncios de agencias de viajes. Ofertas de **vacaciones blancas**, de **paquetes turísticos** en el Caribe, ciudades románticas de la vieja Europa, safari en África. África.

La mente de Manuel voló a la rapidez del rayo. Se fue. Regresó a un tiempo ya pasado. Pasado lejano, pero todavía vivo. Manuel sintió una **punzada** en su corazón y perdió la noción del tiempo y del espacio. A partir de ese momento Manuel se fue a África. Voló diez años atrás.

—¡Asante! ¡Asante![4] —gritaban los niños que rodeaban a Manuel, mientras él **rebuscaba** en su bolsa para darles los bolígrafos que le habían pedido.

---

4. Asante — Gracias en suahili.

Él les miraba con ternura y respondía «Karibu, Karibu»[5] mientras les acariciaba la cabeza.

Era un hombre muy joven y se sentía feliz de haber conseguido este trabajo de **voluntario** en una **ONG** en Kenia. Estaba encantado. Todo le gustaba. Todo le parecía precioso. Todavía no se lo podía creer. Le habían dado el puesto a él. ¡A él!

Manuel siempre había pensado que las cosas buenas les pasaban a otros. Él nunca consiguió salir con la chica que le gustaba. Ni se destacó en deportes. Ni obtuvo las mejores notas. Así que cuando empezó a buscar proyectos y aventuras para poner un poco de entusiasmo en su vida, en realidad, no se lo acababa de creer, ni tenía muchas esperanzas.

—Manuel, corazón —le solía decir su madre—, tú pon todo tu entusiasmo y ya verás como la vida te ayuda.

Y tenía razón. ¡La vida le había ayudado! ¡Estaba en Kenia! ¡Era un voluntario!

---

5. Karibu — De nada, en suahili.

El equipo en el que trabajaba estaba formado por jóvenes de diferentes nacionalidades, especializados en diferentes áreas. Manuel sabía de sistemas alternativos para la producción de energía. Sabía de **placas solares** y de **energía eólica** y eso era lo que él tenía que aportar.

Otras personas del equipo sabían de cultivos alternativos, de cultivos orgánicos. Otros, de desarrollo de economías muy básicas y de desarrollo de recursos. Otros estaban especializados en asistencia médica. Etcétera.

Su equipo se estaba preparando para desplazarse al sur. Al sur del ecuador.

—Bueno, vamos a ver —empezó Peter, un hombre holandés responsable del grupo—, vamos a ir al aeropuerto local, Nairobi Wilson Airport, para tomar un avión pequeño que nos llevará al suroeste. A Masai Mara.

—Es un vuelo corto, de unos 50 minutos. Es casi como el puente aéreo entre Madrid y Barcelona —comentó Montse riéndose, la encargada de comunicaciones, catalana— pero en un avión que es casi una avioneta. Tiene como ocho

filas de asientos. No te dan zumo de naranja, pero te dan caramelos. No hay azafatas. Es el copiloto el que te desea un buen vuelo, te sugiere que te **abroches** el cinturón y te recuerda que está prohibido fumar. No vuela muy alto, así que podemos disfrutar del paisaje.

—Es muy divertido —añadió Jane, una joven keniata muy inteligente— si lo comparas con los vuelos de aeropuertos como los de Londres. Aquí llegas y ves el avión delante de la puerta. Ves como tu maleta la ponen en un carrito y la suben a la **bodega** del avión. Casi no necesitas billete porque cuando llegas a la escalerilla del avión hay una persona que pasa lista y comprueba tu nombre y nacionalidad. Te llaman por tu nombre y subes al avión. Todo ello lleva unos diez minutos así que no hay cierre de puerta de embarque 45 minutos antes de la salida **ni nada por el estilo**. Todo es sencillo y práctico.

—Además es seguro —dijo Peter—. Los vuelos en aviones pequeños pueden parecer inseguros pero es todo lo contrario. Sólo que notas más el viento. Bueno, ya veréis como os gusta.

Llegaron al aeropuerto y todo sucedió como les habían comentado. Otras cuatro personas con aspecto de turistas subieron también al avión.

En 20 minutos estaban recorriendo la pista de despegue en dirección al suroeste. Se elevaron y en seguida empezó a cambiar la vegetación. Nairobi se veía verde y **frondosa**, en contraste con su tierra roja. Fuera de Nairobi, las **mesetas** se iban haciendo cada vez más **áridas** y el color cada vez más cenizo. Al cruzar algunas elevaciones se podían ver las **cuencas** de los ríos secas, pero aún así los árboles seguían luchando por sobrevivir. Era como un mapa de venas en la piel de la tierra.

—Pozos —dijo Jane—. Los pozos son muy importantes. Si observas bien el paisaje puedes detectar dónde hay agua subterránea. Y si te fijas siempre hay varias casas alrededor. El agua es vital para todos.

Manuel la miró. Mientras Jane hablaba él se perdía en sus palabras. Había algo especial en ella y Manuel quería saber qué era.

—En grupos de casas alrededor de pozos, como éstas, es donde vamos a instalar placas solares o molinos de viento o simplemente bombas de agua si no hay otro recurso natural.

«Es su dulzura», pensó Manuel. «Habla de la gente como si les conociera personalmente, como si sus vidas realmente le afectaran. Habla con un sentimiento... es como un gran corazón abierto.» Y Manuel sintió cómo se abría el suyo.

El vuelo seguía hacia el sur. La tierra cambiaba de color otra vez. Se volvía roja. Los árboles volvían a estar más presentes. **Salpicados** sobre la meseta. La sabana se extendía a sus pies.

Descendían. Iban a aterrizar. Sólo se veía una pista de tierra y una caseta. Eso era todo. Y a ambos lados animales corriendo: cebras, gacelas... ¡e incluso elefantes!

Capítulo 3

Cuando el avión aterrizó el copiloto avisó:

—Preparénse para **desembarcar** las personas que van a Mara Serena.

—¿Sólo bajamos nosotros? —preguntó Manuel sorprendido. Pensaba que ese vuelo sólo tenía un **destino**.

—Sí —respondió Jane—. Dentro de la reserva hay varios hoteles y cada uno de ellos tiene su pequeño aeropuerto que es, en realidad, una pista de aterrizaje o despegue, como puedes ver. Nuestro campamento base está dentro de la reserva, cerca del hotel Serena. Dentro de la reserva no te puedes mover libremente. Tienes que ir siempre en tu **todo terreno,** no puedes caminar porque los animales viven aquí en libertad, puede ser peligroso, y tienes que respetar el horario del parque. Estos otros pasajeros van a otro hotel, al sureste de la reserva, y desembarcarán allí.

Bajaron del avión, el copiloto les dio su equipaje de la bodega y se despidió amablemente

—¡Asante! Disfrutad de todo esto. Ahí está vuestro guía esperándoos.

—¡Yambo![6] ¡Bienvenidos a Masai Mara! —se presentó su guía—. Me llamo Samuel. Vamos a llevar todo al campamento y después de comer vamos de safari por el parque para que podáis ver el terreno y los ríos. ¿Eso es lo que queréis, ¿no?

—Sí, Samuel, perfecto —contestó, Peter y dirigiéndose a los demás, añadió—. Ahora, cuando dejemos nuestro equipaje en las tiendas, antes de comer, ¿os parece si nos reunimos un momento?

Todos de acuerdo, se montaron en el todo terreno y tras 15 minutos ya se encontraban en la recepción del campamento. Tras ser informados de sus tiendas y horario de comidas, Peter añadió:

---

6. Yambo — Hola, en suahili.

—Os espero frente a mi tienda en 15 minutos, ¿vale? Así podemos ver qué vamos a hacer. ¡Hasta ahora!

—Vale —contestó Samuel—, yo os recogeré hacia las 4 de la tarde, ya comidos. Bueno, hasta luego entonces —y diciendo esto se fue.

Cada uno cogió su bolsa y se acomodó en su tienda. Manuel estaba tan emocionado con tanta novedad que tardó un segundo en dejar todo en su tienda y salir a darse una vuelta por el campamento. Lo miraba todo con los ojos abiertos de un niño. Todo le parecía precioso. Y la gente que trabajaba en el campamento, tan amable. Todos le decían «¡Yambo!» al pasar. Había algo en aquella tierra y en aquella gente que Manuel no había visto nunca. Era como una tranquilidad, una serenidad. Estaban contentos con la vida. Alrededor de ellos, Manuel tenía un sentimiento de que todo estaba bien. No había de qué preocuparse y, por lo tanto, uno podía sonreír a los que pasaban. Era una felicidad sencilla. Ese sentimiento le recordó a Jane. Ella también era así.

Se sentó en un banco debajo de una acacia. ¡Se estaba tan bien en Masai Mara!

Montse pasaba por allí con unos mapas y unas guías y se acercó a ver cómo se encontraba el **novato** del equipo.

—¿Qué tal Manuel? ¿Te gusta? — y sin darle tiempo a contestar, añadió —. Yo, la primera vez que vine, para **hacerme a la idea**, no me separaba de este mapa. Mira —sugirió a Manuel y, mientras le indicaba en el mapa, continuó con sus explicaciones —. La reserva de Masai Mara es enorme. Tiene una extensión de 1510 km cuadrados. Es la zona norte de las llanuras de Serengueti que se extienden al otro lado de la frontera, ya en Tanzania. ¿Ves? Estamos en el suroeste de Kenia, muy cerca de la frontera. De hecho no hay una frontera en la reserva. Sólo se ven unos pequeños pilares blancos que marcan la línea y se pide a la gente en sus safaris que no la cruce. No hay una verja o alambradas u otro tipo de delimitación porque millones de animales la cruzan cada año en su migración. Suben desde el Serengueti a Masai Mara en julio y agosto, buscando las praderas de hierba de la sabana. Regresan hacia el sur alrededor de octubre. ¡Es impresionante ver todos esos animales libres, Manuel! Ya lo verás esta tarde.

—Sí —respondió Manuel medio soñando despierto. Todavía no podía creerse todo lo que iba pasando. Hacía dos días estaba en Madrid. Lo más cerca que había visto nunca un elefante había sido en el zoo—. Sí, impresionante, seguro.

Jane pasaba también por allí y se unió a ellos, sonriente como siempre.

—¿Qué te parece mi país, Manuel? —preguntó, refiriéndose al mapa.

Pero Manuel no pudo contestar con palabras. Sólo le devolvió la sonrisa mientras sentía como su corazón se llenaba de ese cálido sentimiento que para siempre quedaría ya en su memoria como "la paz de Kenia".

—Es muy diferente en sus partes —continuó Jane—. En el sur tenemos sabana, que se extiende en mesetas de

alrededor de 1.500 m de altura. Ves aquí —dijo señalando en el mapa— al este de la reserva, el monte Loisekin tiene 2080 m. Y si continúas hacia el este, a lo largo de la frontera, verás que la reserva de Amboseli se encuentra a los pies del Kilimanjaro, de 5895 m, aunque el monte está en Tanzania. El este del país, de norte a sur, es mucho más bajo, claro, porque **desciende** al nivel del mar. Tenemos una costa muy bonita. En el centro del país, más o menos —iba señalando en el mapa y Manuel escuchaba atento— se alza el monte Kenya, de 5199 m. Se encuentra en el ecuador y su cara este es todo **jungla**. Hay varias reservas nacionales. Al este y sureste de Monte Kenya se hayan las **terrazas** de las plantaciones de café. ¡El famoso café de Kenia! — exclamó, y todos rieron—. También **se dan** mangos, plátanos, piñas... Es una zona muy **fértil** y muy frondosa. A mí me gusta mucho. Al oeste, en cambio, la otra cara del monte es rocosa en sus **cumbres** y parece más un paisaje de los Alpes. Aqui también se extienden otras reservas y se encuentra Nanyuki con su aeropuerto. Desde allí puedes venir a Masai Mara, o puedes volar de Nairobi a Nanyuki, pero nunca en sentido contrario. Es como un puente aéreo circular, en una única dirección: de Nairobi a Nanyuki y de Nanyuki a Masai Mara y de Masai Mara a Nairobi, pero nunca **al revés**. ¡Es gracioso! ¿No? —comentó riéndose y no pudo continuar porque Peter llegó buscándoles.

—¡Ya podía yo esperaros en mi tienda![7] —dijo sonriendo al ver que todo el mundo estaba riéndose—. ¡Venga, aquí mismo! ¡**Manos a la obra**! —y se sentó en el suelo.

---

7. Ya podía yo esperaros en mi tienda — Irónico: esperaba en la tienda inútilmente.

Capítulo 4

Cuatro jóvenes. Dos hombres y dos mujeres. Un holandés. Una keniata. Una catalana y yo —pensaba Manuel, mientras se sentaban los cuatro en el suelo, alrededor de los mapas, y Peter repartía unas hojas— ... bueno y luego, Samuel... La vida te da sorpresas, como decía la famosa canción. **La verdad es que**, si te dejas que te lleve, lo que la vida te da constantemente son regalos, muchos regalos. Esa es la razón por la que aquí la gente es feliz... Mi madre ya lo decía...

—Manuel. ¿Me escuchas? —preguntó Peter, sacándole de sus filosóficas reflexiones.

—Perdona, Peter. ¿Qué decías? —respondió Manuel poniéndose colorado.

—Nada, que esta tarde vamos a ir con Samuel a ver los ríos que cruzan la reserva —continuó Peter suavemente, para hacer sentir cómodo a Manuel— y vamos a ver cuántos pozos de agua tiene y dónde se encuentran los poblados de los Masai. ¿Vale? ¿Alguna idea o comentario?

—Sí —respondió Jane—. Samuel y yo entraremos en el poblado mañana y hablaremos con los mayores para explicarles qué queremos. Los Masai son gentes que han sido desplazadas de sus tierras para crear las reservas nacionales, y ellos guardan una fuerte relación con su tierra, sus tradiciones y sus animales. Especialmente sus vacas. Sus poblados son sencillos y no tienen agua en muchas ocasiones. También ven cuánto dinero se mueve alrededor de los hoteles. Muchas veces piden dinero incluso por cruzar el pueblo. Quieren que se les respete y por eso creo que debemos explicarles bien cuál es nuestra misión —concluyó en un tono suave que no necesitaba más explicaciones.

—Por supuesto —respondieron Peter y Montse a la vez—. Estamos aquí para **mejorar** las circunstancias de las personas y sus entornos, no para **empeorarlos**. Haremos todo lo que penséis que es necesario para demostrar el respeto que les tenemos.

Una mujer sonriente, vestida con lo que parecía ser el uniforme del campamento, y una pequeña placa con su nombre, Lucy, se acercó a ellos.

—Perdón, comentan en el comedor que van a cerrar en media hora...

Sin darle tiempo a terminar salieron todos corriendo, **muertos de hambre.**

Tras el almuerzo, que disfrutaron animadamente con comentarios y risas, se reunieron con Samuel y se montaron en el jeep, camino del río.

En esta reserva podéis ver casi todos los animales que se encuentran en Kenia —comentó Samuel mientras se cruzaban con una **manada** de cebras—. Aunque ahora es la hora más calurosa del día y algunos se esconden entre los **matorrales**... ¡Mirad, mirad hacia el este! —comentó excitado, cambiando de tema—. ¿Veis una leona con sus **cachorros?** —Él sacó unos **prismáticos** y se los ofreció.

—¡Sí, sí, ya la veo! —respondió Montse feliz—, las **crías** son tan pequeñitas... ¡Son preciosas! —y diciendo esto pasó los prismáticos.

Peter se los ofreció a Manuel.

—¡Dios mío! —exclamó Manuel impresionado— ¡Son increíbles!... ¡Y la madre les coge de la nuca para llevarlos!

—Sí —continuó Samuel, mientras conducía hacia donde se encontraban los animales—, las leonas son buenas madres. Se ocupan de los cachorros y de cazar para el grupo. También son buenas guerreras si tienen que defender a los suyos.

—Me recuerdan a las mujeres de África —dijo Jane, mirando sonriente a Samuel—, nos ocupamos de todo, ¿no?

Todos se rieron, y cuando llegaron cerca de la leona y sus cachorros se callaron para observar la belleza de aquella escena. La leona descansaba bajo unas ramas y mientras sus crías **mamaban** y jugaban.

—Estoy impresionado —confesó Manuel—, esto es increíble... tan cerca... y no se mueven... no son peligrosos...

—Bueno —contestó Samuel—, están acostumbrados a ver los jeeps por la reserva pero yo en tu lugar no probaría qué harían si salieras del coche.

Todos se rieron. Dejaron la paz de la familia y se dirigieron al río. En su camino se cruzaron con gran número de gacelas y ñus y diferentes tipos de antílopes, así como búfalos, cebras, jabalíes y aves carroñeras.

—¡Jirafas! —exclamó Manuel, con el entusiasmo de un niño, poniéndose colorado al ver que todos le miraban sonrientes—. Me gustan mucho, son muy graciosas —añadió a modo de justificación.

—A mí también —dijo Jane para suavizar la **vergüenza** de Manuel— me parece que son muy simpáticas y tienen unas **pestañas** muy largas...

—¡Mirad! —dijo Peter—. ¡Una manada de elefantes! ¡Mirad las crías! ¡Qué maravilla!

—Son animales que pueden vivir muchos años porque no tienen otros animales enemigos. Suelen morir de viejos, cuando pierden sus muelas, porque no pueden comer. Les encantan las hojas de los árboles, especialmente las acacias...

—Es increíble pensar —comentó Montse— que estos animales tan grandes... ¡Son vegetarianos! ¡Y son tan poderosos!

—¡Oh, sí! —respondió Samuel—. Un león se pensará mucho si va a luchar con un elefante... u otros animales..., igual que con los hipopótamos, pueden dividir a un animal en dos con esas **mandíbulas** tan fuertes. ¡Mirad, ahí están, en la **orilla** del río! —dijo acercando el jeep hasta allí—. Y ahí tenéis también los cocodrilos...

—¡Guau! —exclamó Manuel—, piensas dos veces si quieres cruzar el río, ¿eh?

—Eso es lo que pasa, de hecho —dijo Samuel— todas las manadas de cebras y ñus en su migración tiene que cruzar el río y los cocodrilos los esperan aquí para ver si hacen su desayuno. ¿Y sabéis qué? Que curiosamente los hipopótamos les ayudan **espantando** a los cocodrilos... La naturaleza es curiosa, ¿no os parece?

Todos se quedaron pensativos mostrando su acuerdo con Samuel. Cómo funcionaba todo en aquel mundo... y en el modo en que lo hacía parecía funcionar bien... no había vencedores y vencidos... era simplemente el modo en el que las cosas eran... Como la vida en general en este país, todo parecía ir bien, sin motivos para la preocupación.

Peter extendió los mapas y estuvieron observando el recorrido de los ríos y localizaron varios pozos de agua y los poblados de los masai que visitarían al día siguiente.

Mientras el sol se ponía, rojo en el horizonte, se dirigieron hacia el campamento. Samuel y Jane empezaron a cantar y los demás acompañaban como coro.

La naturaleza era sabia. Sabía cómo aproximar a las personas de diferentes mundos. Y lo hacía muy bien.

Esa noche, después de la cena, se sentaron fuera, alrededor del fuego. Y hablando, hablando, sin ellos darse cuenta, la amistad empezó a extender sus lazos y, haciendo bonitas figuras en el aire, uniría sus vidas para siempre.

Capítulo 5

El sol no se había elevado aún sobre el horizonte. Ya no era de noche pero todavía la luz de la mañana no **había inundado** el día. Medio dormidos se dirigieron a su **vehículo** donde Samuel les estaba esperando.

—Buenos días —les dijo con una sonrisa—. ¿Estáis preparados? ¿Lleváis chaquetas o **chubasqueros**? Por la mañana temprano, hasta que el sol empieza a calentar, las temperaturas son mucho más bajas.

—Sí, ya lo he notado —dijo Montse, encogida de frío—, y los masai que hay en el campamento no llevan nada...

—Bueno, están acostumbrados a estas temperaturas —comentó Samuel poniendo el jeep en movimiento— y la *shuka*, esa capa roja y **de cuadritos** que suelen llevar, es de lana.

—Me han impresionado mucho —añadió Manuel—.

Ayer por la noche, alrededor del fuego, empezaron a cantar y animarse con gritos, y luego tenían un baile en el que saltaban... realmente interesante... mucha fuerza...

—Son rituales, ¿no? —respondió Peter mirando a Samuel y a Jane.

—Sí —añadió Samuel—. Según sus tradiciones, los hombres masai tienen que matar a un león como ritual para ser aceptados por los mayores de la tribu y **convertirse en** guerreros, en *morani*, y casi todos sus bailes se refieren a ese rito. También hay muchos masai que se han adaptado a la vida más occidental y trabajan como guardas de los campamentos u hoteles, les llaman *askari*.

—¿Tú también eres masai, Samuel? —preguntó Manuel curioso.

—No, Manuel —contestó Samuel sonriente—, como ves, yo no soy tan alto y delgado —y continuó explicando mientras los demás reían—. Hay 42 tribus diferentes en Kenia. Yo pertenezco a la más extendida, los *kikuyu*, y nuestra zona originaria se extiende alrededor de Monte Kenia. Pero sabes, en rea-

lidad vivimos todos mezclados porque podemos compartir una misma religión siendo de diferentes razas y luego todos hablamos suahili, e inglés la mayoría. En zonas más remotas, domina una sola tribu, una lengua y una sola religión pero eso es cada vez más raro. En las ciudades nos mezclamos todos.

—Yo soy *luo* —añadió Jane— y tradicionalmente mi gente vive en las orillas del lago Victoria, en el suroeste. Varios de los últimos líderes políticos de Kenia eran *luo* también. Es la tercera tribu en extensión.

—¿Y vosotros os reconocisteis como personas de diferentes tribus cuando os visteis? —preguntó Montse.

—Claro —respondió Jane—. Entre nosotros, keniatas, reconocemos muy bien, por nuestros rasgos, en la cara, y nuestra lengua, a qué grupo pertenece cada uno.

——¡Asante! ¡Asante! —gritaba Samuel, hablando por radio. Le acababan de dar un mensaje. Se encontraban ya cerca de la puerta Oloololo, en el noroeste de la reserva, e iban a salir para acercarse al poblado masai —. ¡Hay un rinoceronte con su cría cerca de aquí! —tradujo con entusiasmo, dando un **volan-**

tazo para cambiar de dirección y regresar hacia el interior de la reserva—. Vamos a acercarnos a ver si tenemos suerte porque es muy difícil verlos, son muy tímidos. —Y diciendo esto aceleró para no perder oportunidad.— ¡**Agarraos** bien!

Manuel estaba de pie en ese momento, y, al acelerar el coche y con el cambio de dirección, se cayó y se dió un golpe en la cabeza. **Perdió el sentido**.

Capítulo 6

—Manuel, Manuel —decía una voz de mujer que le llamaba.

—Sí, sí —contestaba él todavía no consciente mientras oía su nombre muy lejano y alguien le acariciaba la frente.

En el fondo se oían los altavoces: «... Puente Aéreo ha vuelto a la normalidad. Gracias por su paciencia y comprensión...»

Manuel abrió los ojos y vio a la mujer que le acariciaba y le llamaba. Su cara era muy familar, mucho, pero no recordaba quién era.

—Manuel —insistía la mujer—. ¿Puedes oírme? ¿Estás bien?

—Sí, sí —respondía Manuel casi automáticamente—. ¿Dónde estoy? —preguntaba sin fuerza en la voz.

—Estás en Barajas. En la sala de embarque del Puente Aéreo. Estabas leyendo el periódico y, de repente, te **has desmayado**. Ya han llamado a un médico de urgencias —añadió la mujer para darle esperanzas.

—¿Quién eres? —preguntó Manuel, tratando de comprender la situación—. ¿Cómo sabes mi nombre? —En el fondo de su mente todavía veía las manadas de cebras y ñus cruzando la sabana.

—Nos conocimos hace muchos años, Manuel —respondía la mujer casi sin poder créerselo ella misma—. ¡Qué coincidencia! Yo pasaba para ir al baño y te saludé. En el baño me di cuenta de que eras tú... tú, Manuel... han pasado tantos años... Soy Montse. ¿Te acuerdas de la ONG en Kenia?

«Última llamada para los pasajeros del Puente Aéreo. Por favor, embarquen por la puerta número once», se oía por los altavoces.

—Vas a perder el vuelo, Montse. —comentó Manuel—. Yo ya me encuentro bien, no te preocupes.

—¡Qué tontería! ¡Ni hablar, aquí no te dejo! —respondió muy decidida—. Llevamos esperando toda la mañana para volar... Ya nos darán asientos en el próximo vuelo.

En ese momento llegó el médico, y, mientras **auscultaba** a Manuel, Montse fue a asegurarse de que podrían ir en el siguiente vuelo.

Capítulo 7

—Cuando se acabó tu año de voluntario lo sentimos mucho. Eras tan bueno, tan profesional, y **te llevabas** tan bien con todo el mundo... Fue una pena que no te dieran más tiempo... Bueno, aquel proyecto de los pozos lo hicimos muy bien —iba diciendo Montse, cogida del brazo de Manuel, mientras bajaban las ramblas hacia el Barrio Gótico para ir a cenar—. Tan bien que hemos seguido durante años con proyectos de **abastecimiento** de aguas. Yo sigo en lo mismo, Manuel... bueno... y Peter y Jane. Te acuerdas de ellos, ¿no?

La mente de Manuel, en un momento, rescató imágenes almacenadas durante años... La dulzura de Jane... su sonrisa... la honradez y honestidad de Peter... la alegría de Samuel... el compañerismo de Montse...

—Claro, claro que los recuerdo. ¿Cómo podría olvidarlos? —dijo con cariño.

Montse comprendió rápidamente su **añoranza**.

—Manuel, si tú quieres, podemos volver a trabajar juntos, hay trabajo en nuestra organización. Ya sabes cómo es la vida en África...

Claro que Manuel sabía cómo era la vida en África... Era vida... Una vida llena. La noche transcurrió con maravillosos recuerdos. Hacía tiempo que Manuel no se sentía tan bien.

Tres semanas más tarde el copiloto de la avioneta que volaba a Masai Mara desde el aeropuerto local, Nairobi Wilson Airport, avisaba a los pasajeros para que se abrocharan el cinturón. Iban a aterrizar.

Desde la ventanilla se podían ver las manadas de ñus corriendo al sentir acercarse el avión. La pista de aterrizaje. La manga de viento. El sol. La tierra roja. Jane, Samuel y Peter saludaban desde tierra, junto al jeep.

Manuel supo que volvía a casa. Atrás había quedado una vida sin color.

Actividades
Prepárate para la lectura

1. **¿Qué piensas del título de esta historia,** Puente Aéreo?
   a. Es un puente que está colgando en el aire, como un puente de cuerdas.
   b. Es un puente que tiene sólo un pilar en un lado.
   c. Se refiere a una conexión continua entre dos ciudades a través de transporte aéreo, por el aire.

2. **La expresión** Tender un puente **se puede utilizar para...**
   a. aproximar opiniones entre opuestos
   b. poner en contacto dos culturas
   c. aproximar diferentes generaciones
   d. construir un puente
   e. acercar dos lados en cualquier tema
   f. crear una conexión eléctrica
   g. facilitar el desarrollo de algo en una dirección

3. **Si lees las dos primeras páginas de la historia, ¿Puedes decir entre qué dos aeropuertos de qué dos ciudades hay un puente aéreo? ¿Conoces otras ciudades entre las que hay esta conexión aérea?**

   ----

4. **¿Sabías que la expresión** Estar de puente o tener puente **se refiere a: Poner en contacto dos días festivos entre los que hay uno o dos que son laborables, obteniendo así un mayor número de días festivos? Puedes explicar cómo se organizan en tus país los días festivos que no son fin de semana.**

Actividades
Sobre la lectura

CAPÍTULO 1

1. Mira el vocabulario que se ofrece y colócalo en los lugares apropiados. Una sola palabra puede aparecer en varios grupos.

- equipaje de mano
- ropa de abrigo
- regreso
- tarjeta de embarque
- mostrador
- pasillo
- ponerse a la cola
- ventanilla
- azafata
- asiento
- retraso
- pista
- lista de espera
- pasajeros
- reserva

Avión	Tren	Espectáculos (cine, teatro,)	Tienda

49

Actividades
Sobre la lectura

2. En este capítulo aparecen varios adjetivos de carácter y verbos de expresión. ¿Puedes pensar en opuestos?

Despistado	
Reírse	
Charlar	
Amargado	
Un hombre gris	
Contentos	
Alegría	
Ruborizarse	
Tartamudear	
Normal	

Actividades
Sobre la lectura

3. Sobre las Navidades. Pon la palabra junto su definición.

a. Canción típica de estas fechas.

b. Instrumento de percusión redondo para cantar música de Navidad.

c. Dulce típico hecho de almendras y azúcar. Es blando y son típicas sus figuras pequeñas.

d. Dulce típico hecho de almendras y miel. Puede ser duro o blando. Su forma es una tableta como el chocolate.

e. La noche del 31 de diciembre.

f. La noche del 24 de diciembre.

g. El pesebre con las figuras de María, José, el Niño Jesús, el buey, la mula. También puede tener ángeles, la estrella, pastores y los 3 Reyes Magos.

Actividades
Sobre la lectura

CAPÍTULO 2

1. Relaciona los elementos de las dos columnas.

1. Atarse   a. los botones del abrigo

2. Abrocharse   b. los cordones de los zapatos

3. Abrir - Cerrar   c. la cremallera del bolso

4. Subir - Bajar   d. la cremallera de la falda

2. Fíjate en las páginas 14 y 16. En ellas se describe cómo es el vuelo de Nairobi a Masai Mara y cómo funciona el embarque de pasajeros y equipaje en el avión. Describe cómo es un vuelo que tú conozcas y cómo es el embarque.

3. Fíjate en estas palabras del capítulo. Pueden describir diferentes tipos de paisajes.

- viento
- verde
- frondoso
- tierra
- mesetas
- áridas
- elevaciones
- cuencas

- ríos
- secas
- rojo
- árboles
- pozos
- agua subterránea
- sabana
- vegetación
- ceniza

Actividades
Sobre la lectura

Además tienes estas otras:

- bosque
- llanura
- montaña, monte
- lago
- valle
- cima
- cumbre
- selva
- jungla
- orilla

- tornado
- polvo
- lluvias
- azul
- pantano
- mar
- hierba
- terrazas
- fértil
- marrón

Busca su significado, si no lo sabes, y relaciónalas con los elementos en las cajas. Pueden pertenecer a más de un grupo.

Tierra	Aire	Agua	Plantas

Actividades
Sobre la lectura

CAPÍTULO 3

1. Fíjate en la descripción de Kenia y de la reserva de Masai Mara en este capítulo. Completa estos datos:

   Extensión _____
   Frontera con _____
   Tipos de vegetación y cultivos _____
   Tipos de paisaje _____
   Montes importantes _____
   Costas _____

2. Utiliza la información anterior para hacer una descripción de una parte de tu país o de otro que tú conozcas.

CAPÍTULO 4

1. Mira estos animales y relaciónalos con los adjetivos. Puede haber más de una posibilidad.

   1. León
   2. Hipopótamo   a. herbívoro
   3. Cebra
   4. Jirafa   b. carnívoro
   5. Cocodrilo
   6. Gacela   c. predador
   7. Ñu
   8. Jabalí   d. migratorio
   9. Búfalo
   10. Elefante   e. de tierra
   11. Rinoceronte
   12. Leopardo   f. anfibio
   13. Aves carroñeras

Actividades
Sobre la lectura

2. Relaciona los animales con el nombre del grupo

1. León
2. Oveja
3. Perro
4. Cerdo
5. Pez
6. Elefante

a. piara
b. manada
c. banco
d. jauría
e. rebaño

3. ¿Te gustan los animales? Trabajando con las palabras anteriores y la información en este capítulo, describe un animal que te guste especialmente y sus hábitos.

CAPÍTULO 5

1. Relaciona estos verbos de cambio con la frase. Puede haber varias posibilidades.

    1. Convertirse en   2. Llegar a ser   3. Hacerse
    4. Volverse   5. Ponerse   6. Quedarse

a) Manuel se ha………….. muy contento al llegar a África.

b) Manuel se ha ………….. con la boca abierta cuando ha visto a los masai.

c) Manuel se ha …………. en un hombre gris en estos años.

d) Manuel se ha ………… un experto en energía alternativa.

e) Samuel ha ……………… guía de la reserva.

f) Manuel se ha ………….. muy abierto desde que llegó a África.

2. ¿Hay en tu país gentes con diferentes facciones? ¿Se conservan en tu país trajes regionales? Por ejemplo, en España, en el sur especialmente, la poblacion gitana tiene unos rasgos muy especificos. ¡Son muy guapos! Y el baile flamenco todavía guarda sus trajes tradicionales. Describe físicamente un grupo de personas y sus trajes típicos de un lugar que tú conozcas.

Actividades
Sobre la lectura

3. En español, los nombres pueden añadir un significado especial a través de sufijos, como <u>casita</u>, casa pequeña. En este capítulo tienes el ejemplo en <u>volantazo</u>, y significa un golpe de volante, nombre al que se añade el sufijo –azo dando una idea aumentativa. Con ese significado aumentativo y de «golpe» tenemos en español muchas palabras ¿Puedes indicar el nombre que modifican? ¿Comprendes su significado?

   1. Balonazo ––––––––––
   2. Rodillazo ––––––––––
   3. Codazo ––––––––––
   4. Puñetazo ––––––––––
   5. Tortazo ––––––––––
   6. Portazo ––––––––––
   7. Bolsazo ––––––––––

   En otros casos, sólo indica un tamaño muy grande o algo de muy buena calidad
   8. Cochazo ––––––––––
   9. Noviazo ––––––––––
   10. Casaza ––––––––––
   11. Barcaza ––––––––––
   12. Golpazo ––––––––––

4. **En el principio del capítulo 2, Manuel** pierde la noción del tiempo y del espacio. **En el final del capítulo 5, Manuel** pierde el sentido. ¿Comprendes los significados? ¿Puedes explicar las diferencias y similitudes entre estas dos frases?

CAPÍTULOS 6 y 7

1. En estos dos últimos capítulos la vida de Manuel cambia totalmente. Puedes describir el tipo de persona que Manuel era en cada momento
   - Cuando era joven
   - Cuando trabajaba en África como voluntario
   - Cuando trabajaba entre Madrid y Barcelona

   ¿Dónde has encontrado esa información, en qué capítulo?

Actividades
Después de la lectura

1. Escribe la continuación de este final.

¿Cómo es el encuentro entre Manuel, Jane, Peter y Samuel?

¿Está Jane enamorada de Manuel?

¿Cómo crees que puede terminar la historia?

Glosario

A la rapidez del rayo. Muy, muy rápidamente.
Abastecimiento. Conjunto de provisiones, suministro de agua u otros bienes.
Abroches. Abrochar, cerrar los botones de una blusa, por ejemplo.
Advertir. Notar, ver. También tiene el sentido de dar un aviso a alguién.
Agarrarse. Sujetarse fuerte para no caer.
Al revés. En el otro sentido, o del otro lado.
Almuerzo. Comida del medio día.
Amargado. Con resentimiento.
Animadamente. Con ánimo, con vida.
Añoranza. Echar de menos a alguien o algo.
Áridas. Secas, de no mucha vegetación.
Asiento. Nombre genérico de lugares para sentarse.
Aterrizar. Cuando el avión desciende del aire y toma contacto con la tierra.
Auscultar. Comprobar el médico los latidos del corazón y las constantes mínimas del cuerpo.
Avioneta. Avión pequeño cuyos motores en muchas ocasiones son antiguos o también puede no tener motores.
Azafata. Asistente de vuelo.
Belén. El pesebre con la Virgen, el Niño Jesús y San José.
Bodega. En un avión, lugar donde se guarda el equipaje. En general, lugar donde se guarda el vino.
Cachorros. Crías pequeñas de animales.
Charlar. Conversar relajadamente.
Chubasqueros. Un impermeable, chaqueta para la lluvia.

Cinturón urbano. Las nuevas urbanizaciones que crecen alrededor de grandes ciudades.
Convertirse en. Llegar a ser algo.
Crías. Animales pequeños.
Cuencas. El lecho del río, la tierra por la que fluye un río.
Cumbres. Cimas de montañas. También reuniones importantes.
Dándose cuenta de. Darse cuenta de algo, notarlo.
De cuadritos. Diseño de telas, en forma de cuadros.
De mediana edad. En la mitad de la vida.
Descender. Bajar.
Desembarcar. Salir del avión o del barco.
Desmayarse. Perder la consciencia, perder el sentido.
Despegar. Cuando el avión pierde contacto con la tierra.
Despistado. Una persona que olvida dónde tiene las gafas o las llaves y las tiene en la mano.
Destino. Lugar donde acaba el viaje.
Dura. Tiempo que lleva realizar una acción o tiempo en el que algo se desarrolla.
Empeorar. Hacer peor.
Energía eólica. Energía producida por el viento.
Ensueño. Cuando se sueña despierto.
Equipaje de mano. Maleta o bolsa permitida dentro del avión, para llevar en la mano.
Espantando. Con miedo o susto.
Fértil. Que produce frutos o plantas fácilmente.

Glosario

Frondosa. De mucha vegetación.
Guiñar. Cerrar sólo un ojo. Gesto para indicar saludo o broma.
Inundar. Cuando el agua lo cubre todo. Se puede utilizar también para la luz o los sentimientos.
Hacerme a la idea. Entender cómo son las cosas, la realidad.
Jungla. Tipo de selva ecuatorial.
La verdad es que. Se dice al tratar de entender algo o buscar razones.
Las afueras. Las partes más exteriores de una ciudad, lejanas del centro.
Lista de espera. Lista de clientes que esperan por un servicio.
Llevarse. Cómo son las relaciones con las personas, llevarse bien o mal con alguien.
Lo mismo. Igual, puede pasar tanto una cosa como la otra.
Lo que se dice. Lo que generalmente se considera.
Mamar. Tomar leche de la madre, propio de los mamíferos.
Manada. Grupo de animales como leones o elefantes.
Mandíbulas. Huesos en los que están las muelas y dientes. Se usan para morder y masticar.
Manos a la obra. Se dice al empezar un trabajo con entusiasmo.
Maravillaba. Maravillar, impresionar, parecer precioso.
Matorrales. Plantas que no crecen en forma de árbol pero pueden ser de gran volumen .
Mazapanes. Dulces típicos de Navidades, de almendras y miel, hechos en figuritas.
Mejorar. Hacer mejor.
Mesetas. Montañas planas en sus cimas.
Mostrador. Lugar en el que se atiende a los clientes.
Muertos de hambre. Con muchísima hambre.
Ni nada por el estilo. Nada que sea similar, todo muy diferente.
Nochebuena. La noche del 24 de diciembre.
Notas. Calificaciones o puntuación que se obtienen en los estudios.
Novato. Alguien nuevo en una actividad.
Ojear. Mirar algo con poca profundidad. Existe también *hojear* y se refiere a pasar las hojas de un libro. Ambos se pueden utilizar cuando nos referimos a lectura.
Ola de frío. Repentino frío que afecta un país o zona. También puede ser ola de calor.
ONG. Organización No Gubernamental.
Orilla. El borde o límite entre agua y tierra.
Paquetes turísticos. Ofertas turísticas que incluyen varios servicios.
Pasajeros. Clientes de los transportes.
Pasillo. Corredor.
Perder el sentido. Desmayarse.
Perder la noción del tiempo y del espacio. No ser consciente de dónde se está ni en qué momento.
Pestañas. Pelo que crece en el extremo de los párpados.
Pistas. Espacios allanados y normalmente asfaltados. En un aeropuerto caminos por los que los aviones despegan o aterrizan.

Glosario

Placas solares. Paneles para producir energía utilizando el sol.
Poner las cosas en su lugar. Ofrecer una perspectiva mas real.
Prismáticos. Lentes para ver los que está lejos.
Punzada. Un dolor intenso, como hecho por un cuchillo .
Rebuscar. Buscar algo en una bolsa y no encontrarlo, por ejemplo.
Reserva. Guardar la plaza a alguien.
Retraso. Llegar o salir a una hora posterior a la acordada.
Ropa de abrigo. Ropa que se utiliza cuando hace frío porque protege del frío.
Sabía de. Tener conocimientos en un campo específico, puede ser un profesional o no.
Salpicados. Un árbol aquí y otro más allá. No hay muchos.
Se dan. Darse, en cultivos, los propios del clima y terreno.
Se puso a la cola. Hacer una fila detrás de otras personas, esperando a ser atendido.
Se ruborizó. Ruborizarse, ponerse colorado.
Sosiego. Paz, tranquilidad.
Suelen. Soler, verbo que indica un hábito que se repite. Suelo tomar café por la tarde.
Tardar. Tiempo que alguien o algo necesita para hacer una actividad, mas subjetivo.
Tarjeta de embarque. Tarjeta necesaria para poder entrar en el avión.
Tartamudeando. Tartamudear, repetir sílabas de palabras sin poder seguir con fluidez.
Terrazas. En las colinas, plataformas para crear terreno de cultivo.
Titular. En un periódico, la cabecera de la noticia con grandes letras.
Todo terreno. Vehículo pensado para viajar fuera de carreteras.
Tomar con filosofía. Aceptar las situaciones de la vida como se presentan.
Turrones. Dulce típico de Navidades, con almendras. Similar al nugat .
Un hombre gris. Un hombre sin alegría de vivir.
Urbanizaciones. Agrupaciones de casas construidas normalmente alrededor de las ciudades, suelen tener espacios verdes.
Vacaciones blancas. Vacaciones pensadas para ir a la nieve.
Vehículo. Nombre genérico para cualquier coche o transporte.
Ventanilla. Ventana pequeña.
Vergüenza. Sentimiento que produce ponerse colorado.
Villancico. Canción típica de Navidades.
Volantazo. Un golpe de volante, giro brusco.
Voluntario. Alguien que trabaja sin sueldo para una organización.
Vuelo de regreso. El vuelo para volver al destino del que se partió.
Ya comidos. Después de comer.

Soluciones

Prepárate para la lectura

1: C
2: Todas las respuestas son correctas.
3: Entre los aeropuertos de Madrid –Barajas y Barcelona- el Prat
4: Libre

Capítulo 1

1:

Avión	Tren	Espectáculos (cine, teatro,)	Tienda
equipaje de mano tarjeta de embarque azafata reserva pasillo ventanilla pasajeros regreso ponerse a la cola asiento retraso pista lista de espera	equipaje de mano pasillo pasajeros azafata ponerse a la cola reserva ventanilla regreso asiento retraso lista de espera	pasillo ponerse a la cola reserva ventanilla asiento retraso	ropa de abrigo mostrador ponerse a la cola

2:

Despistado	Centrado, dispuesto
Reírse	Llorar
Charlar	Estar callado
Amargado	Dulce, contento con la vida
Un hombre gris	Un hombre vital
Contentos	Tristes
Alegría	Tristeza
Ruborizarse	Quedarse pálido
Tartamudear	Hablar con fluidez
Normal	Extraño, raro

Soluciones

3: a- Villancico, b- Pandereta, c-Mazapán, d- Turrón, e- Nochevieja, f-Nochebuena, g- Belén.

Capítulo 2

1: 1- b. 2- a. 3- c. 4- d.

2:

Tierra	Aire	Agua	Plantas
verde secas tierra cuencas mesetas rojo áridas ceniza elevaciones polvo valle orilla fértil llanura azul cima,cumbre montaña, monte marrón terrazas	viento tornado azul ceniza marrón verde rojo	agua subterránea verde lago ríos pozos pantano orilla azul lluvias mar marrón rojo	verde árboles frondoso rojo vegetación bosque hierba sabana fértil selva jungla azul marrón ceniza

Capítulo 3

1: Extensión: Masai Mara 1.510 km².

Frontera con: Masai Mara con Tanzania, al sur.

Tipos de vegetación y cultivos: sabana con praderas de hierba y algunos árboles, en el sur. Jungla con plantaciones de café, mangos, plátanos, dátiles, y piñas en el centro.

Tipos de paisaje: Costa al este. Montaña en el centro, con terrazas y junglas y picos en las cumbres. Sabana al sur.

Montes importantes: Monte Kenia, 5.199 m. Kilimanjaro cerca de la frontera, ya en Tanzania, 5.895 m. Loisekin, en Masai Mara, 2.080 m.

Costas: en el este, muy bonitas.

Capítulo 4

1: 1- b, c, e. 2- a, f. 3- a, d, e. 4- a, e. 5- b, c, f. 6- a, e. 7- a, d, e. 8- a, e. 9- a, e. 10- a, e. 11- a, e. 12- b, c, e. 13- b, c.

2: 1- b. 2- e. 3- d. 4- a. 5- c. 6- b.

Soluciones

Capítulo 5

1: 1- c. 2- e. 3- d. 4- f. 5- a. 6- b.

3: 1. balón. 2. rodilla. 3. codo. 4. puño (1,2,3 y 4 se usan mucho en descripciones de situaciones en deportes). 5. torta. 6. puerta. 7. bolso. 8. coche. 9. novio. 10. casa. 11. barca, específico para las de transporte por río, fluvial. 12. golpe.

4: Cuando perdemos el sentido perdemos la consciencia, nos desmayamos y por lo tanto también perdemos la noción del tiempo y del espacio. Cuando perdemos sólo la noción del tiempo y del espacio no necesariamente nos desmayamos y perdemos consciencia, podemos, simplemente y por ejemplo, estar soñando despiertos.

Capítulos 6 y 7

1: Cuando era joven: No destacaba en nada. No conseguía lo que quería. Un poco pesimista. Se encuentra en el capítulo 2.

Cuando trabajaba en África como voluntario: Cariñoso (acaricia la cabeza de los niños, les miraba con ternura, se abrió se corazón), en el capítulo 2. Curioso, inocente (lo miraba todo con los ojos abiertos de un niño), ilusionado (en su ensueño), satisfecho, contento (la paz de Kenia), en el capítulo 3. Tímido (poniéndose colorado y vergüenza), en el capítulo 4.

Cuando trabajaba entre Madrid y Barcelona: Apagado, sin alegría de vivir (les observaba con indignación, se había vuelto un hombre gris, no le parecía apropiado reírse de la adversidad), tímido (se ruborizó, tartamudeando) autocrítico (incluso él era normal), solitario *(no tenía una familia de verdad, no recordaba cuándo había sido la última vez que había pasado Nochebuena con sus hermanas)*, en el capítulo 1. Triste, con añoranza de tiempos pasados *(«¿Cómo podría olvidarlos?», dijo con cariño. Hacía tiempo que Manuel no se sentía tan bien. Atrás había quedado una vida sin color)*, en el capítulo 7.